Marketing de guerrilla: estrategias creativas de bajo costo fuera de lo digital

Copyright © 2024 Reginaldo Osnildo
Reservados todos los derechos.

PRESENTACIÓN

INTRODUCCIÓN AL MARKETING DE GUERRILLA

EL ARTE DE LA SORPRESA Y EL IMPACTO VISUAL

EVENTOS POP-UP: ORGANIZACIÓN DE EVENTOS TEMPORALES EN UBICACIONES INESPERADAS

MARKETING DE EMBUSH: APROVECHAR EVENTOS MÁS GRANDES O DE LA COMPETENCIA PARA PROMOCIONAR CREATIVAMENTE SU MARCA

PUBLICIDAD DE GUERRILLA EN ESPACIOS URBANOS

PEGATINAS Y GRAFFITI: HERRAMIENTAS DE IMPACTO VISUAL EN LA CIUDAD

DISTRIBUCIÓN DE REGALOS CREATIVOS

DEMOSTRACIÓN Y MUESTRAS GRATUITAS EN UBICACIONES INUSUALES

ALIANZAS CON EMPRESAS LOCALES

FLASH MOBS: ORGANIZACIÓN DE PERFORMANCES O ACCIONES COLECTIVAS PARA PROMOVER TU MARCA

MARKETING DE INFILTRACIÓN: INTEGRAR SU PRODUCTO O SERVICIO DISCRETAMENTE EN COMUNIDADES O GRUPOS ESPECÍFICOS

CAMPAÑAS DE GUERRILLA AMBIENTAL: CREACIÓN DE INSTALACIONES QUE INTERACTÚAN CON EL MEDIO AMBIENTE DE MANERAS INESPERADAS

ARTE CALLEJERO PERSONALIZADO

ACCIONES DE GUERRILLA EN EVENTOS

PROYECCIONES URBANAS

DISTRIBUCIÓN DE LITERATURA GUERRILLA

CAMPAÑAS DE CARTELES CREATIVOS

ACTIVACIONES DE GUERRILLA EN ESPACIOS PÚBLICOS

ACCIONES DE GUERRILLA CON VEHÍCULOS

MARKETING SENSORIAL DE GUERRILLA

INTERVENCIONES ARTÍSTICAS

MARKETING DE GUERRILLA DE TEMPORADA

EL BOCA EN BOCA Y EL MARKETING DE GUERRILLA

MEDICIÓN DEL ÉXITO EN EL MARKETING DE GUERRILLA

PLAN DE ACCIÓN GUERRILLA

REGINALDO OSNILDO

PRESENTACIÓN

Bienvenido al universo donde la creatividad y la innovación se encuentran para revolucionar la forma en que tu marca se comunica fuera del entorno digital. "**Marketing de guerrilla: estrategias creativas de bajo costo fuera de lo digital**" es más que un simple libro; es una invitación a emprender un viaje al corazón del marketing moderno, donde las grandes ideas no dependen de grandes presupuestos.

En esta guía, usted, emprendedor y especialista en marketing, descubrirá un arsenal de tácticas y estrategias diseñadas para hacer que su marca se destaque en el mercado físico de una manera memorable e impactante. Con un enfoque en la creatividad, la innovación y la capacidad de generar un gran impacto con recursos limitados, cada página de este libro está dedicada a brindar ideas prácticas y conocimientos valiosos para ejecutar campañas efectivas de marketing de guerrilla fuera del entorno digital.

¿Por qué marketing de guerrilla?, te preguntarás. Porque, en un mundo donde los consumidores son bombardeados con mensajes digitales, crear una conexión tangible y memorable puede ser la diferencia que haga que su marca avance. Y aquí es donde entra en juego este libro, que trae mi percepción actualizada sobre los conceptos tradicionales, sintetizando el conocimiento acumulado durante años de marketing e innovando para adaptarme a los desafíos y oportunidades actuales.

Desde la introducción del marketing de guerrilla hasta la medición del éxito de sus campañas, pasando por estrategias atractivas como eventos emergentes, marketing de emboscada, publicidad en espacios urbanos, distribución de obsequios creativos y más, cada capítulo es un paso adelante en su viaje para ganarse la atención y los corazones. de tu audiencia de una manera inolvidable.

Este libro está dirigido a usted que desea ir más allá de lo convencional, explorando estrategias que no sólo capten la atención de su público objetivo sino que también creen una experiencia de marca duradera. A lo largo de esta guía, se le invitará constantemente a reflexionar sobre cómo cada idea puede adaptarse e implementarse en su propia realidad empresarial, garantizando que las estrategias propuestas no sólo sean inspiradoras sino también aplicables.

Prepárese para inspirarse, desafiarse y equiparse con las herramientas que necesita para transformar su marca en una fuerza notable en el mercado. El siguiente capítulo le introducirá en el fascinante mundo del marketing de guerrilla, explicando sus principios básicos y cómo se puede maximizar su eficacia fuera del entorno digital. ¿Estás listo para transformar lo ordinario en extraordinario? Entonces, pasa página y comienza a transformar tu marca.

Tuyo sinceramente

Reginaldo Osnildo

INTRODUCCIÓN AL MARKETING DE GUERRILLA

En el corazón del marketing de guerrilla se encuentra la esencia de la innovación y la creatividad. Este capítulo es su punto de partida para explorar estrategias no digitales que pueden catapultar su marca al centro de atención, incluso cuando opera con recursos limitados. Descubrirás aquí qué define al marketing de guerrilla, su importancia y en qué se diferencia de las formas tradicionales de marketing.

¿QUÉ ES EL MARKETING DE GUERRILLA?

El marketing de guerrilla es un enfoque de marketing centrado en el uso de tácticas no convencionales, creativas y de bajo costo para generar un gran impacto. Inspirado en las tácticas de guerrilla utilizadas en los conflictos, donde la sorpresa y la innovación triunfan sobre la fuerza bruta y las grandes cantidades, el marketing de guerrilla aplica estos principios en el mundo empresarial. ¿Tu objetivo? Capte la atención de su audiencia de formas inesperadas, creando un recuerdo de marca duradero.

¿PORQUE ES IMPORTANTE?

En la era digital actual, la atención de las personas es un recurso escaso y muy controvertido. El marketing de guerrilla ofrece una alternativa refrescante a los enfoques saturados del marketing digital, permitiendo que su marca se destaque de una manera única. En lugar de competir por espacio en las redes sociales o en las bandejas de entrada de correo electrónico, el marketing de guerrilla lleva su mensaje al mundo físico, creando experiencias directas y memorables con su audiencia.

DIFERENCIARSE DEL MARKETING TRADICIONAL

Mientras que el marketing tradicional suele depender de presupuestos sustanciales para publicidad masiva y campañas de gran alcance, el marketing de guerrilla se nutre del arte de hacer más con menos. Es la inteligencia, la astucia y la creatividad lo que impulsa sus campañas, no el tamaño de su presupuesto. Este enfoque permite a las pequeñas empresas y emprendedores competir con los gigantes del mercado, ofreciendo una forma única de generar conciencia de marca y lealtad de los clientes.

CÓMO MAXIMIZAR LA EFICACIA DEL MARKETING DE GUERRILLA

Para maximizar la eficacia del marketing de guerrilla, debes:

- **Conozca profundamente a su público objetivo**: comprender quiénes son, qué valoran y cómo viven es fundamental para crear campañas que resuenen y sorprendan.

- **Sea creativo**: piense fuera de lo común. La originalidad es la clave para captar la atención y dejar una impresión duradera.

- **Centrarse en el impacto, no en el presupuesto**: utilice los recursos de forma inteligente. Una idea brillante y bien ejecutada vale más que una campaña costosa y sin inspiración.

- **Medir el éxito**: aprender de cada campaña. Mida el impacto a través de los comentarios de la audiencia, la cobertura de los medios y cualquier aumento en la visibilidad o las ventas de la marca.

PREPARANDO EL TERRENO

Antes de profundizar en estrategias específicas de marketing de guerrilla, es vital comprender estos conceptos básicos. Cada táctica que explorará en los siguientes capítulos se basa en estos principios y lo desafía a pensar de manera diferente sobre cómo promocionar su marca.

Ahora que está familiarizado con los conceptos básicos del marketing de guerrilla, es hora de explorar cómo se puede utilizar el arte de la sorpresa y el impacto visual para captar la atención de su audiencia. En el próximo capítulo, analizaremos cómo el elemento sorpresa y las imágenes llamativas pueden ser sus mejores aliados para crear campañas de marketing memorables y efectivas. ¿Estás listo para despertar la curiosidad y el entusiasmo de tu audiencia? Así que anímate y descubre el poder de la sorpresa en el marketing de guerrilla.

EL ARTE DE LA SORPRESA Y EL IMPACTO VISUAL

La sorpresa es una de las emociones humanas más poderosas y memorables. En el contexto del marketing de guerrilla, se convierte en una herramienta invaluable, capaz de transformar un simple mensaje en una experiencia inolvidable para tu audiencia. Combinado con el impacto visual, el arte de la sorpresa puede llevar su campaña a nuevas alturas, creando un fuerte vínculo emocional entre su marca y su audiencia. Este capítulo explora cómo puede utilizar estos elementos para captar la atención de las personas y dejar una impresión duradera.

EL PODER DE LA SORPRESA

La sorpresa rompe la monotonía de la vida cotidiana. Conmociona, encanta y, sobre todo, permanece en la memoria de las personas. En el marketing de guerrilla, utilizar la sorpresa significa crear momentos inesperados que despierten emociones, haciendo que tu marca sea recordada y comentada. Pero, ¿cómo se crean estos momentos? La clave es comprender profundamente a su público objetivo y lo que menos esperan pero que apreciarán profundamente cuando se les enfrente.

IMPACTO VISUAL: MÁS DE MIL PALABRAS

Imágenes llamativas captan la atención al instante. En una era de sobrecarga de información, una imagen poderosa puede comunicar su mensaje de manera rápida y efectiva, creando una conexión instantánea con su audiencia. El impacto visual en el marketing de guerrilla puede adoptar muchas formas, desde instalaciones artísticas inusuales hasta el uso creativo de espacios urbanos, asegurando que su marca sea notada y recordada.

ESTRATEGIAS PARA MAXIMIZAR LA SORPRESA Y EL IMPACTO VISUAL

- **Eventos inesperados:** Organiza acciones o eventos en lugares y momentos inusuales, donde tu audiencia no espera una intervención de marketing. Esto puede ir desde una actuación artística en plena plaza pública hasta acciones temáticas en fechas no convencionales.

- **Instalaciones visuales innovadoras:** Crear instalaciones que sorprendan con el uso creativo del espacio y el mensaje. Piensa en esculturas, proyecciones o cualquier tipo de arte visual que pueda asociarse con tu marca y que haga que la gente se detenga a mirar e interactuar.

- **Anuncios inusuales:** Utilizar formatos y espacios publicitarios no tradicionales. Puede ser un anuncio en un lugar completamente inesperado o un formato que desafía las expectativas, como un cartel que interactúa con su entorno.

- **Flash mobs y actuaciones:** aprovecha el poder de las multitudes para crear un momento de sorpresa y deleite. Los flash mobs y las actuaciones artísticas pueden generar mucha atención y son perfectos para compartir en las redes sociales, aumentando el alcance de tu campaña.

HISTORIAS DE ÉXITO

Incluir ejemplos reales de campañas que hayan utilizado con éxito la sorpresa y el impacto visual puede inspirar sus propias estrategias. Desde acciones simples como regalar muestras gratis de una manera completamente inesperada, hasta complejas instalaciones artísticas patrocinadas por marcas, el elemento sorpresa nunca deja de generar expectación.

Ahora que comprende el poder de la sorpresa y el impacto visual en el marketing de guerrilla, es hora de explorar cómo estos conceptos se pueden ampliar y profundizar a través de eventos emergentes. En el siguiente capítulo, analizaremos cómo organizar eventos temporales en ubicaciones inesperadas puede generar entusiasmo, interacción y una conexión emocional profunda con su audiencia. Prepárese para descubrir cómo transformar lugares comunes en escenarios extraordinarios para su marca. ¿Vamos?

EVENTOS POP-UP: ORGANIZACIÓN DE EVENTOS TEMPORALES EN UBICACIONES INESPERADAS

Los eventos emergentes se han convertido en una herramienta de marketing invaluable para las marcas que buscan crear una conexión directa y memorable con su audiencia. Estos eventos, por su carácter temporal y muchas veces sorprendente, crean una sensación de urgencia y exclusividad, llamando la atención y generando conversaciones. Este capítulo explora cómo puede planificar y ejecutar eventos emergentes efectivos, convirtiendo ubicaciones inesperadas en poderosas plataformas de marketing para su marca.

LA ESENCIA DE LOS EVENTOS POP-UP

Los eventos pop-up son experiencias temporales que pueden tener lugar casi en cualquier lugar, desde un espacio urbano subutilizado hasta lugares más tradicionales pero con un enfoque innovador. El elemento clave es la sorpresa y la exclusividad: los consumidores se sienten atraídos por la oportunidad de participar en algo único que no estará disponible en mucho tiempo.

BENEFICIOS DE LOS EVENTOS POP-UP

- **Compromiso directo:** brinde la oportunidad de interactuar directamente con su audiencia, permitiéndole presentar su marca y sus productos de una manera íntima e interactiva.

- **Buzz y cobertura mediática:** debido a su naturaleza innovadora y a menudo inusual, los eventos emergentes tienden a generar un revuelo significativo, atrayendo la atención de los medios locales e incluso nacionales.

- **Pruebas de mercado:** Son una excelente manera de probar nuevos productos, conceptos de tienda o mercados sin el compromiso de una presencia permanente.

PLANIFICACIÓN DE SU EVENTO POP-UP

- **Define tus objetivos:** ten claro lo que quieres lograr con el evento emergente. ¿Aumentar el conocimiento de la marca? ¿Lanzar un nuevo producto? ¿Probar un nuevo mercado?

- **Elige la ubicación perfecta:** La ubicación debe sorprender a tu público objetivo, pero también ser accesible y propicia para el tipo de experiencia que deseas crear.

- **Cree una experiencia memorable:** piense más allá de simplemente vender un producto. Ofrezca talleres, presentaciones en vivo u otras actividades interactivas que involucren a los asistentes con su marca.

- **Promocione su evento:** utilice todos los canales disponibles (redes sociales, asociaciones locales y medios tradicionales) para generar anticipación y garantizar una buena participación.

CONSEJOS PARA EL ÉXITO

- **Innovación:** Siempre sorprende. Utilice la creatividad para transformar espacios ordinarios en experiencias extraordinarias.

- **Flexibilidad:** Esté preparado para adaptarse. Los mejores eventos pop-up aprovechan las oportunidades y abordan imprevistos rápidamente.

- **Orientación al cliente:** Toda la experiencia debe diseñarse pensando en el cliente. Su satisfacción y compromiso con su marca son las verdaderas medidas del éxito.

Los eventos emergentes son solo una de las muchas tácticas que puede utilizar para crear una campaña de marketing de guerrilla eficaz. En el siguiente capítulo, nos sumergiremos en el mundo del marketing de emboscada y exploraremos cómo aprovechar eventos más grandes o la presencia de competidores para promocionar su marca de una manera creativa e impactante. Prepárate para descubrir cómo convertir la competencia y los grandes eventos en oportunidades únicas para que tu marca brille. ¿Aquí vamos?

MARKETING DE EMBUSH: APROVECHAR EVENTOS MÁS GRANDES O DE LA COMPETENCIA PARA PROMOCIONAR CREATIVAMENTE SU MARCA

El marketing de emboscada es una estrategia audaz e inteligente que se basa en asociar su marca a un evento, producto o servicio de gran visibilidad, sin necesariamente tener una asociación oficial. Este capítulo lo guiará a través de los principios del marketing de emboscada y le mostrará cómo puede utilizar eventos más grandes o la presencia de competidores para crear una ventaja competitiva, aumentando la visibilidad de su marca de maneras innovadoras y a menudo sorprendentes.

ENTENDIENDO EL MARKETING DE EMBOSCADA

El marketing de emboscada implica posicionamiento estratégico y creatividad para aprovechar la atención generada por eventos o productos ya establecidos. La clave es asociar su marca con estas oportunidades de una manera que parezca natural pero que no infrinja los derechos de patrocinio ni la propiedad intelectual. Cuando se ejecuta bien, este tipo de marketing puede generar una gran visibilidad y debate en torno a su marca.

BENEFICIOS DEL MARKETING DE EMBOSCADA

- **Rentabilidad:** aprovechar un evento existente le permite beneficiarse de la visibilidad y el revuelo que genera, sin los costos asociados con el patrocinio oficial.

- **Mayor visibilidad:** al posicionar su marca cerca de los principales eventos o competiciones, se beneficiará de una gran cobertura mediática y del interés del público en estos eventos.

- **Creatividad e innovación:** este enfoque te desafía a pensar creativamente para conectar tu marca con eventos a gran escala de una manera innovadora y memorable.

CÓMO IMPLEMENTAR UNA ESTRATEGIA DE MARKETING DE EMBOSCADA

- **Identifique oportunidades:** esté atento a los próximos eventos, lanzamientos de productos o actividades de la competencia que puedan ser relevantes para su marca y público objetivo.

- **Planifique con cuidado:** desarrolle un plan detallado sobre cómo aprovechará esta oportunidad. Esto puede implicar acciones promocionales en el sitio, campañas en las redes sociales o asociaciones creativas.

- **Respetar las leyes y directrices:** Es fundamental comprender y respetar las leyes de propiedad intelectual y los derechos de patrocinio para evitar acciones legales.

- **Mida el impacto:** establezca métricas claras para evaluar el éxito de su campaña de marketing de emboscada, como una mayor visibilidad, participación en las redes sociales o crecimiento de las ventas.

CONSIDERACIONES ÉTICAS

El marketing de emboscada navega por una zona gris entre aprovechar oportunidades de forma creativa y potencialmente violar los derechos de patrocinio. Es fundamental abordar estas campañas con sensibilidad y ética, asegurando que tu estrategia fortalezca tu imagen de marca sin provocar conflictos innecesarios.

Ahora que hemos explorado cómo aprovechar eventos más grandes y la presencia de competidores a tu favor, es hora de mirar tu entorno de una nueva manera. En el próximo capítulo, discutiremos cómo utilizar de manera innovadora los espacios públicos urbanos para anuncios e instalaciones que no solo capten la atención, sino que también deleiten y sorprendan a su audiencia. Prepárese para descubrir el potencial ilimitado de los espacios urbanos a la hora de crear memorables campañas de marketing de guerrilla.

PUBLICIDAD DE GUERRILLA EN ESPACIOS URBANOS

Utilizar el entorno urbano como escenario para tus campañas de marketing de guerrilla es una forma eficaz de llamar la atención y dejar una impresión duradera en tu audiencia. Este capítulo explora cómo se pueden transformar espacios públicos comunes en experiencias de marca extraordinarias, utilizando la creatividad y la innovación para superar las limitaciones presupuestarias y lograr un gran impacto.

APROVECHAMIENTO DEL ESPACIO URBANO

El paisaje urbano está plagado de oportunidades para campañas de marketing de guerrilla. Desde parques y plazas públicas hasta concurridas calles de la ciudad, estos espacios proporcionan un telón de fondo dinámico para la publicidad creativa. La clave es mirar más allá del uso convencional de estos espacios, identificando formas únicas de incorporar su marca al paisaje urbano.

ESTRATEGIAS PARA IMPACTAR

- **Instalaciones de arte y esculturas:** cree instalaciones temporales que no solo capten la atención sino que también fomenten la interacción y el intercambio en las redes sociales.

- **Anuncios en suelo y pared:** Utilice pinturas callejeras, proyecciones y adhesivos en lugares de mucho tránsito para sorprender a las personas durante su rutina diaria.

- **Acciones interactivas en espacios públicos:** Promover actividades interactivas, como juegos o exposiciones, que involucren directamente al público, ofreciéndole una experiencia inolvidable.

- **Guerrilla green:** integra elementos naturales en tus campañas, como jardines temporales o mensajes medioambientales, para resaltar tu marca y generar conciencia.

PLANIFICACIÓN Y EJECUCIÓN

- **Conoce las reglas:** Antes de lanzar tu campaña, familiarízate con las regulaciones locales para evitar problemas legales. A menudo necesitarás obtener permisos para utilizar espacios públicos.

- **Centrarse en el mensaje:** asegúrese de que su campaña comunique claramente el mensaje de su marca, creando una conexión directa entre la acción y los valores que representa.

- **Seguridad y accesibilidad:** Planifica tu acción garantizando que sea segura y accesible para todos los públicos, evitando posibles molestias o inconvenientes a la comunidad.

MEDICIÓN DEL ÉXITO

El impacto de las campañas publicitarias de guerrilla en espacios urbanos se puede medir de varias maneras, incluido el aumento del conocimiento de la marca, la cobertura mediática generada, la participación en las redes sociales y la retroalimentación directa de la audiencia. Establece métricas claras antes de lanzar tu campaña para que puedas evaluar objetivamente su éxito.

Una vez completada la exploración de la publicidad de guerrilla en espacios urbanos, es hora de profundizar en herramientas específicas que pueden usarse para dejar una huella visual en la ciudad. En el próximo capítulo, profundizaremos en el mundo de las pegatinas y el graffiti, examinando cómo estas formas de expresión artística se pueden utilizar para promocionar su marca de forma indeleble. ¿Listo para explorar el potencial de estas herramientas creativas? Avancemos y descubramos cómo pueden integrarse en su estrategia de marketing de guerrilla.

PEGATINAS Y GRAFFITI: HERRAMIENTAS DE IMPACTO VISUAL EN LA CIUDAD

En un mundo donde la publicidad tradicional suele pasar desapercibida, las pegatinas y los graffitis están surgiendo como formas poderosas y creativas de marketing de guerrilla. Este capítulo explora cómo estas dos formas de expresión se pueden utilizar para crear una fuerte presencia de su marca en el tejido urbano, generando debates, aumentando la visibilidad y conectando con el público de una manera auténtica y memorable.

STICKERS: MENSAJES DE STICKERS CON GRAN POTENCIAL

Las pegatinas son una forma de publicidad económica pero muy eficaz que se puede implementar en casi cualquier entorno urbano. Le brindan la flexibilidad de transmitir su mensaje en lugares inesperados, captando la atención de su audiencia de maneras sorprendentes.

Estrategias para el uso eficaz de pegatinas:

- **Diseño atractivo:** Invierte en un diseño que destaque, ya sea por estética, mensaje o algún elemento interactivo.

- **Ubicación estratégica:** elija ubicaciones donde sea más probable que su público objetivo vea e interactúe con sus pegatinas. Piense en áreas de mucho tráfico como centros comerciales, cafeterías, universidades y transporte público.

- **Mensaje claro y conciso:** Dadas las limitaciones de espacio, tu mensaje debe ser directo pero creativo, incentivando a quien lo vea a buscar más información.

GRAFFITI: EL ARTE URBANO COMO VEHÍCULO DE MARCA

El graffiti es una expresión artística poderosa, capaz de transformar espacios urbanos y comunicar mensajes de manera impactante. Cuando se utiliza en una estrategia de marketing, no sólo puede aumentar la visibilidad de la marca, sino también agregar valor cultural y social, alineando la imagen de la empresa con los valores contemporáneos de creatividad y expresión urbana.

Implementando grafito en su estrategia:

- **Colaboración con artistas locales:** establece asociaciones con grafiteros y artistas callejeros reconocidos que comparten los valores de tu marca. Esto asegura la autenticidad y el respeto dentro de la comunidad artística y el público en general.

- **Selección cuidadosa de la ubicación:** identifique espacios interesantes y amigables con el arte que sean visibles y accesibles para su público objetivo.

- **Integración con el mensaje de marca:** Graffiti debe contar una historia que conecte con la esencia de tu marca, creando una narrativa visual atractiva.

CONSIDERACIONES LEGALES Y ÉTICAS

Al implementar campañas que utilizan pegatinas y graffitis, es fundamental considerar aspectos legales y éticos. Respete la propiedad pública y privada, obtenga los permisos necesarios y asegúrese de que su campaña contribuya positivamente al entorno urbano y a la comunidad.

IMPACTO DE MEDICIÓN

El éxito de las campañas basadas en pegatinas y grafitis se puede medir a través de la participación en las redes sociales, la cobertura de los medios, los comentarios de la comunidad y el aumento del conocimiento de la marca. Establece métricas específicas para evaluar la efectividad de tu estrategia.

Después de explorar el potencial de las pegatinas y los graffitis para crear una marca visual fuerte en la ciudad, el siguiente capítulo se adentra en el universo de los regalos creativos. Descubriremos cómo se pueden utilizar artículos promocionales innovadores y memorables para fortalecer la presencia de su marca y establecer una conexión emocional duradera con su audiencia. Prepárese para expandir su estrategia de marketing de guerrilla con obsequios que a la gente le encantarán tanto que no solo los querrán, sino que también los compartirán. ¿Sigamos avanzando?

DISTRIBUCIÓN DE REGALOS CREATIVOS

Los obsequios creativos son una forma eficaz de dejar una impresión duradera en la mente de su audiencia. Al ofrecer algo tangible, útil y, sobre todo, memorable, puede aumentar el conocimiento de la marca, generar buena voluntad y fomentar el boca a boca positivo. Este capítulo explora cómo desarrollar e implementar una estrategia de obsequio destacada, capturando la esencia del marketing de guerrilla y al mismo tiempo creando conexiones significativas con su audiencia.

EL PODER DE LOS REGALOS CREATIVOS

Los regalos no son sólo souvenirs; Son herramientas de participación que llevan la identidad de su marca a la vida cotidiana de las personas. Cuando están bien planificadas, pueden ser una extensión de su campaña de marketing, reforzando el mensaje de la marca y aumentando su visibilidad.

ESTRATEGIAS PARA REGALOS INOLVIDABLES

- **Originalidad:** Elige regalos que destaquen por su diseño, funcionalidad o un toque de humor. El objetivo es crear algo que la gente quiera usar, mostrar y compartir.

- **Alineación de marca:** Asegúrate de que el regalo refleje los valores y la estética de tu marca. Cada artículo distribuido debe ser una representación tangible de lo que representa su marca.

- **Utilidad:** Los regalos útiles tienen una vida útil más larga y, en consecuencia, mantienen tu marca en la mente del consumidor por más tiempo. Piense en elementos que puedan integrarse en la vida diaria de su público objetivo.

- **Elemento sorpresa:** La distribución de los regalos debe ser tan creativa como los propios artículos. Considere métodos de entrega o empaques inusuales que creen una experiencia memorable.

IDEAS PARA REGALOS CREATIVOS

- **Productos ecológicos:** Los artículos sostenibles no sólo demuestran la responsabilidad social de la marca, sino que también son valorados por el público consciente.

- **Tecnología e innovación:** Pequeños gadgets o accesorios tecnológicos con el logo de tu marca pueden resultar útiles e impactantes.

- **Personalización:** los artículos personalizados crean una conexión emocional, haciendo que el destinatario se sienta especial y más propenso a compartir su experiencia positiva con los demás.

IMPLEMENTACIÓN Y DISTRIBUCIÓN

- **Eventos y ferias:** aproveche los eventos relevantes para su público objetivo para distribuir sus obsequios, generando expectación en torno a su presencia.

- **Acciones de guerrilla:** Considera repartir regalos de forma inesperada en lugares públicos, creando una sorpresa agradable que quedará asociada a tu marca.

- **Redes sociales:** Utilizar las redes sociales para promocionar la distribución de regalos, fomentando la participación en concursos o campañas de intercambio.

MEDICIÓN DEL ÉXITO

El impacto de los obsequios creativos se puede medir a través de la participación en las redes sociales, un mayor conocimiento de la marca, comentarios directos de la audiencia y, en última instancia, mayores ventas o consultas. Es importante monitorear estos indicadores para comprender el retorno de la inversión.

Después de explorar cómo los obsequios creativos pueden ser una poderosa herramienta de marketing de guerrilla, el siguiente capítulo nos lleva a realizar demostraciones y muestras gratuitas en lugares inusuales. Descubra cómo estas tácticas pueden crear experiencias memorables con su producto, generando entusiasmo y lealtad a la marca. Prepárese para sumergirse en estrategias que no solo muestren su producto, sino que también deleiten y sorprendan a su audiencia. ¿Aquí vamos?

DEMOSTRACIÓN Y MUESTRAS GRATUITAS EN UBICACIONES INUSUALES

Crear una experiencia inolvidable en torno a su marca a menudo implica ir más allá de lo convencional, especialmente cuando se trata de demostrar su producto o servicio. Ofrecer demostraciones y muestras gratuitas en lugares inusuales puede capturar la imaginación de su audiencia, generando no sólo interés sino también un fuerte recuerdo de su marca. Este capítulo explora cómo estas tácticas se pueden utilizar de manera efectiva para atraer a su público objetivo de manera creativa e impactante.

LA IMPORTANCIA DE LA EXPERIENCIA DIRECTA

Las demostraciones y muestras gratuitas permiten a los clientes potenciales probar su producto directamente, creando una conexión inmediata y tangible. Cuando se llevan a cabo en lugares inusuales o de manera inesperada, estas experiencias se convierten no solo en una oportunidad de prueba sino también en un evento memorable asociado con su marca.

ELEGIR UBICACIONES INUSUALES

La clave del éxito de estas iniciativas es la elección del lugar. Los lugares inusuales captan la atención y generan curiosidad, haciendo emocionante la experiencia de descubrir su producto. Piense en lugares donde su público objetivo ya está presente, pero que tradicionalmente no se utilizan para promociones de marketing, como parques, eventos culturales o incluso lugares abandonados transformados para el evento.

ESTRATEGIAS PARA UNA EJECUCIÓN EXITOSA

- **Contextualización:** Asegúrate de que la ubicación y el método de distribución elegidos tengan sentido para el producto o servicio que estás promocionando. La experiencia debe sentirse auténtica y no forzada.

- **Interactividad:** Aprovecha la oportunidad de interactuar directamente con tu audiencia. Utilice demostraciones como una forma de educar a los consumidores sobre su producto destacando sus beneficios de una manera atractiva.

- **Elemento sorpresa:** La sorpresa es un componente poderoso del marketing de guerrilla. Organiza tus acciones para que las demostraciones y distribución de muestras sean una grata sorpresa para quienes las encuentren.

- **Promoción cruzada:** utiliza las redes sociales para ampliar el alcance de tu acción, animando a los participantes a compartir sus experiencias online. Esto podría incluir hashtags específicos, filtros de realidad aumentada o concursos.

IMPACTO DE MEDICIÓN

El éxito de estas acciones se puede medir por el mayor reconocimiento de la marca, la participación en las redes sociales, el feedback directo de los participantes y, por supuesto, el impacto en las ventas. Es importante recopilar datos y comentarios para comprender qué funcionó y qué se puede mejorar en acciones futuras.

HISTORIAS DE ÉXITO

Incluya estudios de casos o ejemplos de marcas que hayan logrado generar un gran revuelo y resultados positivos mediante la realización de demostraciones y la entrega de muestras gratuitas en lugares inusuales. Estas historias pueden servirle de inspiración y ofrecer información valiosa para sus propias estrategias.

Con una comprensión más profunda de cómo las demostraciones y muestras gratuitas en ubicaciones inusuales pueden aumentar el conocimiento de su marca, es hora de explorar otras colaboraciones creativas. En el siguiente capítulo, analizaremos cómo las asociaciones con empresas locales pueden beneficiar a su marca al ofrecer nuevos canales para llegar a su audiencia y construir una comunidad en torno a sus productos o servicios. Únase a nosotros para descubrir cómo estas colaboraciones pueden ser beneficiosas para todos los involucrados. ¿Vamos?

ALIANZAS CON EMPRESAS LOCALES

Colaborar con empresas locales abre una variedad de oportunidades para las marcas que buscan arraigarse en la comunidad y ampliar su alcance de una manera auténtica y significativa. Este capítulo destaca la importancia de estas asociaciones, ofreciendo estrategias para crear sinergias con empresas locales, lo que puede conducir a una mayor visibilidad, una mejor imagen de marca y el desarrollo de una base de clientes leales.

LA FUERZA DE LA COMUNIDAD

Las asociaciones con empresas locales permiten que su marca forme parte del tejido social y económico de la comunidad. Estas colaboraciones pueden variar desde promociones conjuntas hasta eventos compartidos, aprovechando el conocimiento del mercado local y la base de clientes existente para impulsar un impacto mutuamente beneficioso.

ESTRATEGIAS PARA ASOCIACIONES EFECTIVAS

- **Identifique socios alineados con su marca:** busque empresas cuyos valores y público objetivo complementen los suyos. La sinergia entre las marcas es crucial para el éxito de la asociación.

- **Crear ofertas conjuntas:** Desarrollar promociones, productos o servicios que combinen lo mejor de ambos negocios. Esto podría incluir paquetes especiales, descuentos cruzados o productos exclusivos creados en colaboración.

- **Organizar eventos compartidos:** Utilizar el espacio físico de cada negocio para realizar eventos que atraigan a ambos públicos, como talleres, conferencias o demostraciones de productos.

- **Promocionarse mutuamente:** utilice todos los canales de comunicación disponibles (redes sociales, sitios web, marketing por correo electrónico) para promover la asociación y sus actividades conjuntas, maximizando la exposición de ambas empresas.

BENEFICIOS DE LAS ASOCIACIONES LOCALES

- **Acceso ampliado a la audiencia:** llegue a nuevos segmentos de clientes que pueden resultar difíciles de captar por otros medios.

- **Refuerzo de la confianza y la credibilidad:** la asociación con empresas establecidas y respetadas en la comunidad puede aumentar la confianza en su marca.

- **Optimización de recursos:** Compartir recursos para promociones o eventos puede reducir costos y aumentar el ROI para ambas partes.

CONSIDERACIONES PARA EL ÉXITO

- **Comunicación clara:** mantenga líneas de comunicación abiertas y claras con su pareja para asegurarse de que ambos estén alineados con sus objetivos y expectativas.

- **Compromiso mutuo:** El éxito requiere inversión y compromiso de ambas partes. Asegúrese de que cada parte contribuya de manera justa a la asociación.

- **Medir y ajustar:** Establecer métricas para evaluar el éxito de la asociación y estar dispuesto a realizar los ajustes necesarios para optimizar los resultados.

Después de explorar el potencial de las asociaciones con empresas locales, nuestro siguiente paso será profundizar en el mundo de los flash mobs. En el siguiente capítulo descubrirás cómo organizar performances o acciones colectivas puede no sólo captar la atención del público de forma dramática, sino también crear momentos de alegría y sorpresa que asocien positivamente tu marca en la mente de los consumidores. Prepárese para desbloquear el poder de los flash mobs en el marketing de guerrilla. ¿Aquí vamos?

FLASH MOBS: ORGANIZACIÓN DE PERFORMANCES O ACCIONES COLECTIVAS PARA PROMOVER TU MARCA

Los flash mobs son una expresión vibrante y memorable del marketing de guerrilla, que reúne a grupos de personas para llevar a cabo una acción inesperada, ya sea un baile, una actuación artística o una manifestación pacífica, en lugares públicos. Estas acciones colectivas no sólo captan la atención del público de manera dramática, sino que también crean momentos de sorpresa y alegría, generando conversaciones y compartidos que pueden aumentar significativamente la visibilidad de tu marca.

LA ESENCIA DEL FLASH MOB

La esencia de un flash mob radica en su capacidad de sorprender y deleitar al público, transformando lo ordinario en extraordinario. Cuando se ejecutan bien, los flash mobs no solo entretienen sino que también transmiten mensajes poderosos de una manera divertida y atractiva, lo que los convierte en una herramienta eficaz para promover su marca y sus valores.

PLANIFICACIÓN DE UN FLASH MOB EXITOSO

- **Defina su objetivo:** ya sea promocionar un producto, generar conciencia sobre una causa o simplemente generar interés en torno a su marca, tenga un objetivo claro en mente.

- **Elige la ubicación:** Las ubicaciones con mucha visibilidad y tránsito, como plazas públicas, estaciones de transporte y centros comerciales, son ideales. Considere la logística y obtenga los permisos necesarios.

- **Desarrollar la actuación:** La acción debe ser cautivadora y reflejar el mensaje que se quiere transmitir. Colaborar con artistas, bailarines o actores puede ayudar a crear una actuación memorable.

- **Reclutar participantes:** Además de profesionales, puedes involucrar a la comunidad local o seguidores de la marca para que participen, aumentando el compromiso y el sentido de pertenencia.

- **Promocione y comparta:** utilice las redes sociales para provocar y generar anticipación antes del evento, y asegúrese de capturar la actuación en video para compartirla más tarde.

CONSIDERACIONES IMPORTANTES

- **Respeto al público y al espacio:** Procura que tu actuación no cause molestias o molestias al público y al espacio utilizado.

- **Reacción de la audiencia:** Esté preparado para diferentes reacciones y tenga un plan para interactuar positivamente con la audiencia durante y después del evento.

- **Aspectos legales:** consulte la normativa local sobre reuniones públicas y obtenga todas las autorizaciones necesarias.

IMPACTO DE MEDICIÓN

El éxito de un flash mob se puede medir por la participación en las redes sociales, la cobertura de los medios, el aumento del conocimiento de la marca y los comentarios de la audiencia. Evalúa el alcance de tu acción y el alineamiento con los objetivos de marca establecidos.

Después de explorar cómo se pueden utilizar los flash mobs para crear una fuerte impresión y participación pública, el próximo capítulo analizará el marketing de infiltración. Aprenderá cómo integrar discretamente su producto o servicio en comunidades o grupos específicos, generando autenticidad y confianza sin parecer intrusivo. Esté preparado para sumergirse en técnicas de marketing que permitan que su marca se convierta en una parte natural de la conversación. ¿Sigamos avanzando?

MARKETING DE INFILTRACIÓN: INTEGRAR SU PRODUCTO O SERVICIO DISCRETAMENTE EN COMUNIDADES O GRUPOS ESPECÍFICOS

El marketing de infiltración es una estrategia sutil pero poderosa que implica insertar discretamente su marca en comunidades o grupos específicos para que forme parte de la conversación sin parecer forzada o intrusiva. Este capítulo analiza cómo puede utilizar este enfoque para generar autenticidad, confianza y, eventualmente, lealtad a la marca, sin dejar de ser respetuoso y relevante para su público objetivo.

ENTENDIENDO EL MARKETING DE INFILTRACIÓN

A diferencia de tácticas más directas, el marketing de infiltración se centra en crear relaciones orgánicas con clientes potenciales interactuando genuinamente con sus comunidades. La clave es ofrecer valor real y relevante, ya sea a través de contenidos, participación en debates o apoyo a eventos y causas importantes para el grupo.

PASOS PARA UNA ESTRATEGIA DE INFILTRACIÓN EFICAZ

- **Investigación y selección de comunidades:** identifique comunidades, foros en línea, grupos de redes sociales o eventos que se alineen con los valores de su marca y donde su público objetivo esté activo.

- **Comprender la cultura:** antes de intentar la infiltración, es fundamental comprender la cultura, el idioma y los valores del grupo. Esto requiere tiempo y observación para garantizar que su marca pueda integrarse de manera auténtica.

- **Aporte genuino:** Ofrecer aportes que enriquezcan a la comunidad. Esto podría ser en forma de ideas valiosas, contenido relevante o apoyo a causas comunitarias. La atención debe centrarse en agregar valor, no en promover explícitamente su marca.

- **Construir relaciones:** interactuar significativamente con los miembros de la comunidad. Responda preguntas, participe en debates y esté presente como un miembro activo y contribuyente.

- **Mida y ajuste:** realice un seguimiento del impacto de su estrategia de infiltración y prepárese para ajustar sus tácticas en función de los comentarios y la capacidad de respuesta de la comunidad.

BENEFICIOS DEL MARKETING DE INFILTRACIÓN

- **Autenticidad y confianza:** al convertirse en un miembro respetado de la comunidad, su marca gana autenticidad y crea un nivel de confianza que es difícil de lograr mediante tácticas de marketing tradicionales.

- **Lealtad a la marca:** las contribuciones genuinas y las relaciones auténticas pueden convertir a los miembros de la comunidad en defensores leales de su marca.

- **Información valiosa:** sumergirse en las comunidades le brinda una comprensión profunda de las necesidades y deseos de su público objetivo, lo que le permite perfeccionar su oferta y comunicación.

CONSIDERACIONES ÉTICAS

Es fundamental abordar el marketing de infiltración de forma ética y respetuosa. Evite cualquier forma de tergiversación sobre su identidad o intenciones y asegúrese de que su participación agregue valor genuino a la comunidad.

Después de explorar los matices del marketing de infiltración, el siguiente capítulo revelará cómo crear campañas de guerrilla ambiental. Descubra cómo utilizar el entorno de maneras inesperadas no sólo para captar la atención de su audiencia, sino también para transmitir mensajes poderosos sobre su marca y sus valores. ¿Listo para explorar cómo el marketing puede armonizar creativamente con el medio ambiente? Avanza con nosotros en este viaje.

CAMPAÑAS DE GUERRILLA AMBIENTAL: CREACIÓN DE INSTALACIONES QUE INTERACTÚAN CON EL MEDIO AMBIENTE DE MANERAS INESPERADAS

El marketing de guerrilla ambiental ofrece una oportunidad única para conectar su marca con su audiencia de maneras innovadoras y significativas, al tiempo que enfatiza la conciencia y el respeto por el medio ambiente. Este capítulo explora cómo puedes desarrollar campañas que no sólo llamen la atención sobre tu marca, sino que también promuevan un mensaje positivo de sostenibilidad y cuidado del planeta.

LA NATURALEZA DEL MARKETING DE GUERRILLA AMBIENTAL

Este tipo de marketing de guerrilla utiliza el entorno natural o urbano para crear instalaciones o experiencias que sorprenden al público y provocan el pensamiento. Al hacerlo, no sólo genera visibilidad para la marca, sino que también resalta su compromiso con las cuestiones medioambientales.

ESTRATEGIAS PARA CAMPAÑAS EFECTIVAS

- **Utiliza materiales sostenibles:** Asegúrate de que todos los materiales utilizados en tu campaña sean ecológicos, biodegradables o reciclables, para minimizar el impacto ambiental.

- **Crear mensajes potentes:** Desarrollar instalaciones que comuniquen de forma clara e impactante la importancia de la sostenibilidad, animando al público a reflexionar sobre cuestiones medioambientales.

- **Interactuar con el medio ambiente de forma creativa:** piense en formas innovadoras de utilizar el medio ambiente que le rodea, ya sea integrando su instalación armoniosamente con la naturaleza o transformando los espacios urbanos de una manera que resalte la interconexión entre el medio ambiente y la sociedad.

- **Promover acciones:** además de llamar la atención, fomentar acciones específicas que el público pueda realizar para contribuir a la causa ambiental, ya sea a través de hashtags de campañas en las redes sociales, firmas de peticiones o participación en eventos de concientización.

MEDICIÓN DEL ÉXITO

El éxito de una campaña de guerrilla ambiental se puede medir no solo por el aumento de la visibilidad y la participación de la marca en las redes sociales, sino también por el impacto positivo generado en relación con la conciencia ambiental del público. Las evaluaciones posteriores a la campaña y los comentarios de la audiencia son esenciales para comprender el alcance y la recepción de su mensaje.

EJEMPLOS INSPIRADORES

Incluya estudios de casos o ejemplos de marcas que hayan implementado con éxito campañas de guerrilla ambiental, destacando las estrategias utilizadas, los desafíos enfrentados y los resultados obtenidos. Estos ejemplos pueden servirle de inspiración y orientación para desarrollar sus propias campañas.

Después de explorar cómo se puede utilizar el marketing de guerrilla para fomentar una conexión más profunda con las cuestiones medioambientales, el siguiente paso es investigar el mundo del arte callejero personalizado. Descubre cómo colaborar con artistas locales para crear murales o piezas artísticas que no solo embellezcan el espacio público sino que también transmitan la esencia de tu marca. Prepárate para sumergirte en las posibilidades creativas que ofrece el arte callejero para el marketing de guerrilla. Pasemos a este fascinante territorio.

ARTE CALLEJERO PERSONALIZADO

El arte callejero personalizado es una forma vibrante e impactante de marketing de guerrilla que permite a las marcas comunicar creativamente sus mensajes y al mismo tiempo contribuir a la estética urbana. Este capítulo explora cómo colaborar con artistas locales para crear murales o instalaciones de arte que no solo capten la atención del público sino que también reflejen los valores y la personalidad de su marca.

BENEFICIOS DEL ARTE CALLEJERO PARA EL MARKETING

- **Visibilidad:** Los murales y las instalaciones artísticas en lugares de alto tránsito garantizan una gran visibilidad.

- **Conexión emocional:** El arte tiene el poder de evocar emociones y crear conexiones profundas con el público.

- **Compromiso comunitario:** los proyectos de arte callejero pueden involucrar a la comunidad local, creando un sentido de pertenencia y aprecio.

- **Imagen de marca:** Asociar tu marca a expresiones artísticas contribuye a una imagen innovadora y socialmente responsable.

PLANIFICAR TU COLABORACIÓN ARTÍSTICA

- **Elección de artista:** busque artistas cuyo estilo y valores se alineen con la marca. La autenticidad de la asociación es crucial para el éxito del proyecto.

- **Definición del concepto:** trabaja junto con el artista para desarrollar un concepto que comunique tu mensaje de una manera sutil pero poderosa. La idea debe ser relevante tanto para la marca como para la comunidad local.

- **Ubicación estratégica:** Selecciona ubicaciones que no sólo garanticen visibilidad, sino que también sean significativas para el mensaje que quieres transmitir.

- **Participación de la comunidad:** considere involucrar a la comunidad en el proceso creativo, ya sea a través de talleres, votación de diseños o eventos de revelación de murales.

- Promoción y uso compartido: utilice las redes sociales para documentar el proceso de creación y promover el proyecto terminado. Esto no sólo aumenta la visibilidad, sino que también anima al público a visitar la obra y compartir su experiencia.

CONSIDERACIONES LEGALES Y LOGÍSTICAS

- Permisos y autorizaciones: asegúrese de obtener todos los permisos necesarios para utilizar el espacio elegido.

- Respeto por el espacio urbano: El arte callejero debe enriquecer el entorno urbano, no restarlo. Es fundamental que el proyecto esté en armonía con el lugar y sea respetado por la comunidad.

- Mantenimiento: planifique el mantenimiento de la obra de arte para garantizar que permanezca en buenas condiciones y continúe transmitiendo su mensaje de manera efectiva.

IMPACTO DE MEDICIÓN

Mida el éxito de su campaña de arte callejero a través de la participación en las redes sociales, la cobertura de los medios, los comentarios de la comunidad y, si es posible, un aumento en el conocimiento y la percepción positiva de la marca.

Después de adentrarnos en el mundo del street art personalizado, en el siguiente capítulo se abordará cómo realizar acciones de guerrilla en eventos, ya sean grandes ferias, congresos u otros encuentros. Estas estrategias pueden ofrecer oportunidades únicas para diferenciar tu marca de la competencia, sin necesidad de ser patrocinador oficial. Prepárate para explorar técnicas creativas para captar la atención de tu público objetivo en eventos. ¿Podemos proceder?

ACCIONES DE GUERRILLA EN EVENTOS

La presencia en eventos, incluso cuando no seas patrocinador oficial, ofrece una oportunidad única para que las marcas destaquen. Este capítulo explora cómo llevar a cabo acciones de guerrilla durante eventos, como ferias, conferencias y reuniones comunitarias, de una manera creativa e impactante, asegurando que su marca capte la atención y la imaginación del público.

ENTENDIENDO LAS ACCIONES DE GUERRILLA EN EVENTOS

Las acciones de guerrilla en eventos se centran en crear experiencias memorables para los asistentes sin los costos asociados con el patrocinio oficial. La idea es ser visto y recordado, aprovechando el flujo de gente y la atención puesta en el evento, pero de una forma que sorprenda y deleite.

ESTRATEGIAS PARA DESTACAR TU MARCA

- **Intervenciones creativas:** Utilice intervenciones artísticas o instalaciones temporales cerca o alrededor del evento para llamar la atención. Esto puede variar desde una actuación en vivo hasta una escultura interactiva relacionada con su marca.

- **Regalos estratégicos:** Distribuir regalos o muestras gratis en lugares estratégicos. El objetivo es generar expectación en torno a su presencia, animando a los asistentes a buscar más información sobre su marca.

- **Publicidad móvil:** Considere el uso de bicicletas, autos adhesivos o incluso drones para promocionar su marca cerca del evento, asegurando visibilidad sin estar físicamente presente dentro del espacio oficial.

- **Realidad aumentada:** utilice aplicaciones de realidad aumentada para crear una capa virtual de participación sobre el espacio físico del evento, permitiendo a los asistentes interactuar con su marca de maneras innovadoras a través de sus teléfonos inteligentes.

PREPARACIÓN Y PLANIFICACIÓN

- **Investigación:** Conoce bien el evento, el público objetivo y la normativa local para asegurar que tu acción sea adecuada y eficaz.

- **Logística:** Planificar con antelación todos los aspectos logísticos, incluido el transporte, montaje y desmontaje de cualquier instalación, y el reparto de regalos.

- **Permisos:** Aunque la idea es realizar acciones de guerrilla, es importante asegurarte de que todas tus actividades cumplan con las leyes y regulaciones locales.

MEDICIÓN DEL ÉXITO

El éxito de las acciones de guerrilla en eventos se puede medir por el aumento de la participación en las redes sociales, la cobertura mediática, el tráfico al sitio web de la marca y, en última instancia, el impacto en las ventas o los clientes potenciales generados. La retroalimentación directa de los participantes también puede ofrecer información valiosa.

Después de explorar cómo captar la atención durante los eventos sin ser patrocinador oficial, el próximo capítulo se centrará en las proyecciones urbanas. Esta estrategia utiliza tecnología de proyección para crear anuncios visuales impresionantes en edificios y otras estructuras urbanas, ofreciendo otra forma poderosa de atraer al público y ampliar la visibilidad de la marca. Prepárate para iluminar la ciudad con tu mensaje. Sigamos adelante en este viaje creativo.

PROYECCIONES URBANAS

Las proyecciones urbanas representan una fusión de arte, tecnología y publicidad, ofreciendo una plataforma dinámica para captar la atención del público a gran escala. Este capítulo explora cómo utilizar la tecnología de proyección para crear impresionantes anuncios visuales en edificios y otras superficies urbanas, transformando espacios ordinarios en lienzos extraordinarios para el mensaje de su marca.

EL ARTE DE LAS PROYECCIONES URBANAS

Las proyecciones urbanas van más allá del marketing tradicional y brindan una experiencia visual inmersiva que puede llegar a una amplia audiencia. Permiten a las marcas contar historias, destacar productos o simplemente crear una imagen memorable asociada a la innovación y la creatividad.

PLANIFICANDO TU PROYECCIÓN URBANA

- **Selección de ubicación:** Identificar ubicaciones de alta visibilidad, considerando el tránsito peatonal y la facilidad de visualización de la proyección. Los espacios públicos, las fachadas de edificios y los monumentos son opciones ideales.

- **Desarrollo de contenidos:** El contenido de la proyección debe ser visualmente impactante y adaptado al formato. Las animaciones, los mensajes dinámicos y los elementos interactivos pueden aumentar la participación.

- **Tecnología y equipamiento:** La calidad de la proyección depende del equipamiento utilizado. Invertir en tecnología de punta y contar con un equipo técnico calificado son fundamentales para garantizar la claridad y el impacto visual deseado.

- **Permisos y regulaciones:** Asegúrese de obtener todas las autorizaciones necesarias para realizar la proyección, respetando las leyes y regulaciones locales.

MAXIMIZANDO EL IMPACTO

- **Interactividad:** considere incorporar elementos interactivos, como permitir que la audiencia controle aspectos de la proyección a través de teléfonos inteligentes o reaccione a movimientos y sonidos.

- **Eventos especiales:** alinear la proyección con eventos locales, días festivos o lanzamientos de productos puede maximizar la atención y la relevancia.

- **Publicidad:** Utilizar las redes sociales y otras plataformas digitales para dar a conocer la proyección, incentivando al público a visitar el lugar y compartir la experiencia online.

MEDICIÓN DEL ÉXITO

El éxito de una campaña de proyección urbana se puede medir por la participación de la audiencia, la cobertura de los medios, las acciones en las redes sociales e, idealmente, el mayor reconocimiento de la marca y el interés en los productos o servicios promocionados.

Después de iluminar las noches urbanas con proyecciones memorables, el siguiente paso es explorar cómo la distribución de literatura de guerrilla (ya sea a través de panfletos, revistas o folletos) puede atraer al público de manera creativa y personal. Este método tradicional de marketing de guerrilla ofrece una forma tangible de comunicación, permitiendo una conexión directa con la audiencia. Prepárate para profundizar en el arte de la palabra impresa y descubre cómo se puede reintegrar poderosamente a la era digital. Pasaremos a esta táctica clásica pero atemporal en el próximo capítulo.

DISTRIBUCIÓN DE LITERATURA GUERRILLA

La distribución de literatura de guerrilla reaviva el poder de la palabra impresa en una era dominada por lo digital, ofreciendo un medio tangible y personal de conectarse con el público. Este capítulo explora cómo se pueden utilizar creativamente folletos, revistas y folletos para comunicar el mensaje de su marca, provocar pensamientos y fomentar la acción.

EL PODER DE LA PALABRA IMPRESA

En un mundo donde los estímulos digitales son incesantes, la literatura impresa llama la atención por su fisicalidad y permanencia. La capacidad de tener algo real en las manos puede crear una conexión más profunda y duradera con el receptor, lo que hace que la literatura de guerrilla sea una herramienta eficaz para transmitir mensajes duraderos.

CREAR CONTENIDO DE IMPACTO

- **Mensaje claro y directo:** El contenido debe ser conciso pero potente, capaz de comunicar tu mensaje de forma efectiva en un formato compacto.

- **Diseño atractivo:** Utilice un diseño visualmente estimulante que atraiga al lector y complemente el mensaje. Los elementos gráficos, como ilustraciones y fotografías, pueden aumentar el atractivo.

- **Personalización:** considere el público objetivo y personalice el contenido para que resuene directamente con sus intereses, necesidades y valores.

- **Fuerte llamado a la acción (CTA):** incluya un llamado a la acción claro que anime al lector a interactuar con su marca, ya sea visitando un sitio web, asistiendo a un evento o compartiendo en las redes sociales.

ESTRATEGIAS DE DISTRIBUCIÓN EFICACES

- **Eventos y lugares estratégicos:** Distribuya su literatura en eventos, ferias y otros lugares donde esté presente su público objetivo. Piense fuera de lo común y elija lugares que puedan sorprender y captar la atención.

- **Acciones creativas:** Además de la distribución directa, considera dejar tus materiales en lugares inesperados donde puedan ser descubiertos, como cafeterías, bibliotecas o transporte público.

- **Asociaciones:** colabora con establecimientos y grupos locales que comparten valores similares para ampliar el alcance de tu distribución.

MEDICIÓN DEL ÉXITO

El impacto de la literatura de guerrilla se puede evaluar a través de la retroalimentación directa de la audiencia, el aumento del tráfico en línea (si el material incluye referencias digitales), la participación en las redes sociales y, dependiendo de la CTA, las acciones específicas tomadas por la audiencia.

CONSIDERACIONES LEGALES Y ÉTICAS

Respete las regulaciones locales sobre distribución de materiales impresos y asegúrese de que su campaña sea ética, no invasiva y consciente del medio ambiente, prefiriendo materiales reciclables o ecológicos.

Después de explorar el impacto de la literatura impresa, el próximo capítulo analizará el uso de campañas de carteles creativos. Estos representan otra forma tangible de marketing de guerrilla, que combina arte, mensajes y ubicación estratégica para captar la atención de la audiencia y comunicarse de manera efectiva. Prepárese para sumergirse en el mundo de los carteles y descubrir cómo se puede reinventar esta antigua herramienta publicitaria para impactar al público moderno. Sigamos adelante.

CAMPAÑAS DE CARTELES CREATIVOS

Los carteles han sido una forma de comunicación visual durante siglos, evolucionando desde simples anuncios hasta obras de arte que pueden provocar, informar e inspirar. En el contexto del marketing de guerrilla, las campañas de carteles creativos ofrecen una forma única de captar la atención del público, combinando un diseño innovador, mensajes impactantes y ubicaciones estratégicas para crear una presencia sorprendente en el paisaje urbano.

EL PODER DE LOS CARTELES EN EL MARKETING DE GUERRILLA

Los carteles permiten una expresión visual directa y accesible, capaz de llegar a muchas personas en lugares públicos. Son particularmente eficaces para crear conciencia de marca y generar conversación, especialmente cuando incorporan elementos de diseño creativo y mensajes provocativos o que invitan a la reflexión.

ELEMENTOS DE UNA CAMPAÑA DE CARTELES EXITOSA

- **Diseño visual impactante:** El aspecto visual es crucial. Utiliza colores, tipografías e imágenes que no sólo llamen la atención, sino que también comuniquen la personalidad de tu marca y la esencia del mensaje que quieres transmitir.

- **Mensaje claro y conciso:** Dada la naturaleza rápida de ver de los carteles, el mensaje debe ser directo y memorable. Los juegos de palabras, los juegos de palabras o las frases ingeniosas pueden aumentar la retención del mensaje.

- **Ubicación estratégica:** Elija lugares donde sea más probable que su público objetivo vea los carteles y donde tendrán mayor impacto. Las zonas de alto tránsito como estaciones de transporte público, plazas y corredores comerciales son ideales.

- **Interactividad y participación:** considere agregar elementos interactivos como códigos QR para una campaña en línea integrada o diseños que fomenten la interacción física y el intercambio en las redes sociales.

EJECUCIÓN Y DISTRIBUCIÓN

- **Permisos y aspectos legales:** consulte las regulaciones locales para asegurarse de que la colocación de carteles cumpla con las leyes de la ciudad o región.

- **Calidad de impresión:** Invertir en materiales de alta calidad puede aumentar la durabilidad de los carteles y garantizar que sigan siendo visualmente atractivos durante más tiempo.

- **Monitoreo y mantenimiento:** realice un seguimiento de la respuesta a su campaña y esté preparado para realizar ajustes, ya sea reemplazando carteles dañados o actualizando el mensaje para mantener el interés.

IMPACTO DE MEDICIÓN

El éxito de una campaña de carteles se puede medir por el aumento del conocimiento de la marca, la participación en las redes sociales (especialmente si se integra con campañas digitales), los comentarios de la audiencia e, idealmente, un aumento en las ventas o consultas directas.

Después de explorar la comunicación visual a través de campañas creativas de carteles, el próximo capítulo se sumergirá en las activaciones guerrilleras en espacios públicos. Estas activaciones son experiencias inmersivas que utilizan el entorno físico para atraer a la audiencia de una manera profunda y memorable. Prepárese para descubrir cómo transformar espacios comunes en entornos extraordinarios para interacciones de marca únicas. Pasemos a este enfoque atractivo y dinámico del marketing de guerrilla.

ACTIVACIONES DE GUERRILLA EN ESPACIOS PÚBLICOS

Las activaciones de guerrilla en espacios públicos son una forma vibrante y atractiva de marketing de guerrilla, diseñada para transformar lugares comunes en experiencias extraordinarias para el público. Estas activaciones implican crear interacciones directas e inmersivas con la marca, muchas veces de formas inesperadas, generando impacto, conversación e, idealmente, una conexión emocional duradera con los consumidores.

PLANIFICACIÓN DE ACTIVACIONES GUERRILLAS EFECTIVAS

- **Concepto creativo:** El primer paso es desarrollar una idea única que no sólo llame la atención, sino que también esté alineada con la identidad de la marca y el mensaje que se quiere transmitir. La originalidad y la relevancia para el público objetivo son cruciales.

- **Elección de ubicación:** identifique ubicaciones que no solo tengan un alto tráfico de su público objetivo sino que también sean adecuadas para la naturaleza de la activación. Considerar la visibilidad, la accesibilidad y la posibilidad de interactuar con el espacio.

- **Participación de la audiencia:** Diseñar la activación para fomentar la participación activa de la audiencia. Esto puede variar desde interacciones físicas con la instalación hasta acciones que promuevan el intercambio en las redes sociales.

- **Logística y permisos:** Planificar cuidadosamente todos los aspectos logísticos, incluido el montaje, duración y desmontaje de la activación. Además, asegúrese de obtener todos los permisos necesarios de los organismos responsables.

EJEMPLOS DE ACTIVACIONES EXITOSAS

- **Instalaciones artísticas interactivas:** Creaciones que combinan arte y tecnología, invitando al público a interactuar con la pieza de manera que resalten el mensaje de la marca.

- **Retos y juegos urbanos:** Actividades que retan al público a participar en juegos o concursos, muchas veces con premios relacionados con la marca.

- **Actuaciones en vivo:** Utilizar artistas o flash mobs para crear momentos de sorpresa y encanto, asociando positivamente estas experiencias con la marca.

IMPACTO DE MEDICIÓN

El impacto de estas activaciones se puede evaluar a través de la participación de la audiencia durante el evento, la cobertura y menciones en los medios, el aumento de la actividad en las redes sociales relacionada con la marca y, si es posible, el crecimiento de las ventas o el interés en los productos/servicios promocionados.

Después de explorar el dinamismo de las activaciones en espacios públicos, el siguiente capítulo analizará cómo los vehículos (automóviles, bicicletas, camiones) pueden adaptarse y utilizarse en campañas de guerrilla. Esta estrategia no sólo amplía el alcance geográfico de sus acciones, sino que también ofrece un lienzo móvil para mensajes creativos e impactantes. Prepárate para descubrir cómo la movilidad puede ser un poderoso aliado en el marketing de guerrilla. Avancemos para explorar el potencial inexplorado de las acciones guerrilleras con vehículos.

ACCIONES DE GUERRILLA CON VEHÍCULOS

El uso de vehículos como plataformas móviles para marketing de guerrilla puede ampliar significativamente el alcance de sus campañas, transformando automóviles, bicicletas y camiones en mensajeros dinámicos para su marca. Este capítulo cubre cómo adaptar vehículos para promover mensajes de marca en movimiento, creando impacto visual e interacciones memorables con audiencias en diferentes ubicaciones.

TRANSFORMAR VEHÍCULOS EN MEDIOS DE IMPACTO

- **Personalización visual:** Decorar los vehículos con la identidad visual de la marca, incluyendo logotipos, colores y mensajes corporativos, los transforma en anuncios móviles que captan la atención allá donde van.

- **Interactividad y tecnología:** la incorporación de elementos interactivos, como pantallas para mostrar vídeos o sistemas de sonido para transmitir mensajes, puede aumentar la participación de la audiencia. La tecnología de códigos QR también se puede utilizar para dirigir a las personas al sitio web o a las redes sociales de la marca.

- **Experiencias inmersivas:** Vehículos adaptados para ofrecer experiencias, como catas de productos o demostraciones interactivas, permiten al público vivir la marca de una forma directa y memorable.

PLANIFICACIÓN DE SU CAMPAÑA MÓVIL

- **Itinerario y ubicaciones estratégicas:** Defina una ruta que pase por áreas de alto tráfico de su público objetivo y considere paradas estratégicas en eventos o lugares con gran concentración de personas para maximizar la exposición.

- **Permisos y legalidades:** Asegúrate de cumplir con las leyes de tránsito y obtener los permisos necesarios para evitar percances.

- **Seguridad y logística:** La seguridad es primordial.

Asegúrese de que los vehículos y las activaciones sean seguros para todos, incluido el público y el personal de la campaña.

EJEMPLOS INSPIRADORES

- **Food trucks temáticos:** utiliza food trucks personalizados para promocionar productos alimenticios, ofreciendo muestras gratuitas en diferentes ubicaciones.

- **Coches de exposición:** Adaptar los coches para exhibir nuevos productos o tecnologías en lugares públicos, permitiendo al público interactuar directamente con el nuevo producto.

- **Bicicletas promocionales:** Utilizar bicicletas para repartir regalos o información, aprovechando su movilidad para llegar a zonas de difícil acceso para vehículos de mayor tamaño.

MEDICIÓN DEL ÉXITO

El éxito de las campañas de vehículos se puede medir por una mayor visibilidad de la marca, la participación en las redes sociales, la cobertura de los medios y la retroalimentación directa del público. El análisis de estos indicadores ayudará a optimizar las estrategias futuras.

Tras explorar el potencial de las acciones de guerrilla con vehículos, el siguiente paso es profundizar en el marketing sensorial de guerrilla. Este capítulo cubrirá cómo crear experiencias que apelen a los sentidos, evoquen emociones fuertes y creen un recuerdo de marca duradero. Prepárese para aprender cómo involucrar a su audiencia aún más profundamente, utilizando el poder de los sentidos. Pasemos a este enfoque atractivo y memorable.

MARKETING SENSORIAL DE GUERRILLA

El marketing sensorial de guerrilla se basa en crear experiencias que estimulen los sentidos de la audiencia de formas innovadoras y sorprendentes, formando una profunda conexión emocional con la marca. Este capítulo explora cómo aplicar estrategias que atraigan la vista, el oído, el tacto, el olfato y el gusto para crear recuerdos duraderos y fortalecer la identidad de marca.

PROFUNDIZAR EL COMPROMISO A TRAVÉS DE LOS SENTIDOS

- **Visión:** Utilice colores vibrantes, iluminación dinámica o proyecciones visuales innovadoras en espacios públicos para captar la atención y transmitir mensajes impactantes.

- **Audición:** cree paisajes sonoros únicos o utilice actuaciones musicales inesperadas para involucrar al público en una experiencia auditiva memorable que resuene con la esencia de la marca.

- **Toque:** Fomentar interacciones físicas con productos o instalaciones que permitan al público experimentar la calidad y características únicas de lo que se promociona.

- **Olor:** Difunda aromas que se alineen con su marca o producto en lugares específicos para evocar recuerdos y emociones, influyendo en la percepción y el comportamiento del consumidor.

- **Degustación:** Ofrece degustaciones de productos que sorprendan al paladar, creando una experiencia directa y placentera que quedará asociada a tu marca.

CREANDO CAMPAÑAS MEMORABLES

- **Integración sensorial:** combine estímulos de múltiples sentidos para crear una experiencia de marca inmersiva y multidimensional.

- **Ubicación estratégica:** Elija ubicaciones donde pueda maximizar el impacto sensorial, considerando el contexto y público objetivo de la activación.

- **Elemento sorpresa:** La sorpresa intensifica la experiencia sensorial, haciendo que la interacción con la marca sea inolvidable. Planifica momentos inesperados que deleiten a tu audiencia.

- **Medir el impacto:** evaluar el éxito de la campaña a través de la participación de la audiencia, el intercambio en las redes sociales, la cobertura de los medios y la retroalimentación directa.

EJEMPLOS INSPIRADORES

- **Instalaciones olfativas:** Marcas de perfumes que crean jardines efímeros en zonas urbanas, permitiendo a las personas experimentar sus aromas en un contexto natural.

- **Catas innovadoras:** Empresas de alimentación que utilizan vehículos personalizados para ofrecer muestras de sus productos en lugares insólitos, sorprendiendo al público con sabores únicos.

- **Experiencias visuales interactivas:** Marcas de tecnología que utilizan el mapeo de proyección y la realidad aumentada en espacios públicos para crear experiencias visuales inmersivas.

Más allá de las experiencias sensoriales directas, el próximo capítulo se centrará en las intervenciones artísticas como forma de marketing de guerrilla. Estas activaciones utilizan el arte para comunicar mensajes de marca de manera sutil e impactante, creando diálogos con el público en espacios inesperados. Prepárese para explorar cómo el arte puede ser una herramienta poderosa para transmitir los valores de la marca y atraer al público a un nivel más profundo. Avanzaremos hacia este enfoque artístico y expresivo en el próximo capítulo.

INTERVENCIONES ARTÍSTICAS

Las intervenciones artísticas en el marketing de guerrilla utilizan el arte para comunicar mensajes de marca de manera sutil pero profundamente impactante. Al incorporar arte en espacios públicos o inesperados, las marcas pueden crear conversaciones significativas con el público, transmitiendo valores y mensajes de una manera creativa y memorable. Este capítulo explora cómo se pueden emplear estas intervenciones para enriquecer la percepción de la marca e impulsar el compromiso.

¿POR QUÉ INTERVENCIONES ARTÍSTICAS?

- **Conexión emocional:** el arte tiene el poder único de evocar emociones y conectar con el público a nivel personal, haciendo que el mensaje de la marca sea más resonante.

- **Impacto visual:** Las intervenciones artísticas captan la atención a través de su estética, diferenciándose del mar de mensajes comerciales tradicionales.

- **Diálogo con la comunidad:** Al posicionar el arte en espacios públicos, la marca inicia un diálogo con la comunidad local, construyendo relaciones y promoviendo valores compartidos.

ESTRATEGIAS PARA UNA IMPLEMENTACIÓN EFICAZ

- **Colaboración con artistas:** las asociaciones con artistas locales no solo añaden autenticidad a la intervención, sino que también apoyan la escena artística local.

- **Elección del espacio:** La ubicación de la intervención debe seleccionarse estratégicamente para maximizar la visibilidad y asegurar que el contexto esté alineado con el mensaje.

- **Integración del mensaje:** Aunque el enfoque es sutil, la marca y su mensaje deben integrarse orgánicamente en la obra, asegurando que el público pueda establecer la conexión.

- **Compromiso público:** Incluir elementos que inviten a la interacción pública, ya sea a través de la participación directa en la creación del arte o a través de plataformas digitales para compartir y discutir.

IMPACTO DE MEDICIÓN

El impacto de las intervenciones artísticas se puede evaluar a través de la participación en las redes sociales, la cobertura de los medios, los comentarios de la comunidad y, si corresponde, una mayor conciencia y afinidad con la marca. También son valiosos los análisis cualitativos, como las percepciones y sentimientos del público hacia la marca tras la intervención.

EJEMPLOS INSPIRADORES

- **Murales de arte callejero:** Murales que cuentan la historia de la marca o que reflejan sus valores fundamentales, creando puntos de interés cultural y turístico.

- **Instalaciones interactivas:** Obras que requieren la participación activa del público para su realización, simbolizando la colaboración entre marca y comunidad.

- **Actuaciones temáticas:** Eventos artísticos que representan visualmente los productos o servicios de la marca, ofreciendo una experiencia inmersiva al público.

Después de explorar el potencial de las intervenciones artísticas, el siguiente capítulo está dedicado al marketing de guerrilla estacional. Este enfoque aprovecha las festividades, las estaciones y los eventos culturales para crear campañas temáticas muy relevantes y oportunas. Prepárate para aprender cómo alinear tus estrategias de marketing de guerrilla con el calendario, maximizando la relevancia y el impacto. Descubramos cómo las ocasiones estacionales pueden ser oportunidades únicas para atraer al público de forma creativa.

MARKETING DE GUERRILLA DE TEMPORADA

El marketing de guerrilla estacional aprovecha momentos específicos del año (vacaciones, estaciones, eventos culturales) para crear campañas muy relevantes y oportunas. Este capítulo profundiza en estrategias para alinear sus acciones de marketing de guerrilla con el calendario, con el objetivo de maximizar el impacto y la resonancia de su mensaje entre el público.

¿POR QUÉ APUESTAR POR TEMPORADA?

- **Relevancia temporal:** las campañas estacionales se benefician de la predisposición del público a interactuar con el contenido temático, aumentando la receptividad a su mensaje.

- **Oportunidades para destacar:** las vacaciones y los eventos culturales ofrecen un panorama competitivo diferente donde las acciones creativas pueden destacarse más fácilmente.

- **Conexión emocional ampliada:** las épocas festivas o estacionales a menudo traen consigo emociones y recuerdos afectivos, proporcionando una capa adicional de conexión emocional con la audiencia.

ESTRATEGIAS PARA CAMPAÑAS DE TEMPORADA EXITOSAS

- **Anticipación y planificación:** comience a planificar con anticipación para garantizar que todos los aspectos de la campaña, desde la producción hasta la ejecución, estén alineados y listos para lanzarse en el momento ideal.

- **Personalización y personalización:** adapte su mensaje para reflejar las características únicas de la temporada, evento o día festivo, asegurando que la campaña se perciba como relevante y original.

- **Integración multicanal:** combine acciones en el mundo físico con campañas digitales para ampliar el alcance y la participación. Aproveche las redes sociales para generar anticipación antes del lanzamiento de la campaña y amplificar el impacto durante su ejecución.

- Medir el impacto: Establecer métricas de éxito claras antes del lanzamiento de la campaña. Analizar la participación en las redes sociales, la cobertura de los medios, el tráfico en línea y las ventas puede proporcionar información valiosa sobre el rendimiento de la campaña.

IDEAS PARA INSPIRACIÓN

- Acciones temáticas en lugares públicos: Utilice fechas conmemorativas para crear instalaciones o performances interactivas que puedan atraer la atención del público y generar medios espontáneos.

- Promociones y ofertas especiales: Alinear promociones exclusivas con la temporada, fomentando la acción inmediata del consumidor.

- Alianzas estratégicas: Colaborar con marcas no competidoras que también buscan atraer al mismo público durante la temporada, creando ofertas conjuntas o eventos temáticos.

Profundizando en la esencia del marketing de guerrilla, el siguiente capítulo abordará cómo fomentar y amplificar el boca a boca de una forma natural y eficaz. Esta forma orgánica de promoción puede ser increíblemente poderosa cuando se combina con campañas creativas y memorables. Prepárese para descubrir estrategias que no solo generen conversaciones, sino que fomenten el intercambio de experiencias positivas de marca. Avanzaremos para explorar el potencial sin explotar del boca a boca en el contexto del marketing de guerrilla.

EL BOCA EN BOCA Y EL MARKETING DE GUERRILLA

El boca a boca, o "boca a boca" (WoM), es una de las formas de marketing más antiguas y efectivas, basada en la recomendación directa entre personas. En el contexto del marketing de guerrilla, estimular el WoM es esencial, ya que las campañas creativas y memorables alientan naturalmente al público a compartir sus experiencias. Este capítulo explora cómo maximizar WoM a través de estrategias de guerrilla, creando una ola de conversaciones orgánicas que elevan el conocimiento y el compromiso de la marca.

¿POR QUÉ LA MUJER ES PODEROSA?

- **Confianza y credibilidad:** Las recomendaciones de amigos, familiares o conocidos suelen ser más fiables que la publicidad tradicional.

- **Alcance ampliado:** una única experiencia compartida puede difundirse rápidamente y llegar a una audiencia amplia y diversa.

- **Compromiso profundo:** Las historias y experiencias personales generan compromiso, creando una conexión emocional más fuerte con la marca.

ESTRATEGIAS PARA ESTIMULAR LA MUJER

- **Experiencias únicas y memorables:** Crear campañas que destaquen por su creatividad y originalidad, incentivando a la gente a hablar de ellas.

- **Facilitar el intercambio:** Facilite que el público comparta sus experiencias, ya sea a través de hashtags específicos en las redes sociales, espacios dedicados para fotografías o herramientas en línea para compartir historias.

- **Compromiso con personas influyentes y la comunidad:** colabora con personas influyentes que comparten los valores de tu marca y pueden actuar como embajadores, ampliando el alcance de WoM. Además , cree una comunidad comprometida en torno a su marca, fomentando el intercambio de experiencias.

- **Recompensas e incentivos:** Ofrece incentivos por compartir experiencias, como descuentos, muestras gratis o acceso exclusivo a eventos o productos.

MEDICIÓN DEL IMPACTO DE WOM

Evaluar el impacto de WoM puede ser un desafío, pero algunas métricas incluyen una mayor participación en las redes sociales, crecimiento de la comunidad en línea, análisis de sentimientos sobre las menciones de marcas y, por supuesto, un aumento en las ventas o consultas que pueden atribuirse directamente a las recomendaciones. .

Después de comprender la importancia y las estrategias para estimular el boca a boca, el siguiente paso es explorar cómo medir el éxito general de las campañas de marketing de guerrilla. Este capítulo se centrará en descubrir métodos y herramientas para evaluar el impacto y el retorno de la inversión de sus acciones de guerrilla, garantizando que pueda ajustar y optimizar futuras campañas basadas en datos concretos. Prepárese para sumergirse en los matices del análisis de desempeño en el contexto del marketing de guerrilla. Avanzaremos para desbloquear las claves para una medición eficaz.

MEDICIÓN DEL ÉXITO EN EL MARKETING DE GUERRILLA

Medir el éxito es un componente crucial del marketing de guerrilla, ya que permite a las marcas evaluar el impacto de sus campañas creativas y determinar el retorno de la inversión (ROI). Este capítulo aborda estrategias y herramientas esenciales para analizar el desempeño de las acciones guerrilleras, facilitando el ajuste y la optimización de iniciativas futuras basadas en conocimientos concretos.

ESTABLECIENDO MÉTRICAS CLARAS

Antes de lanzar una campaña, es vital definir qué métricas se utilizarán para evaluar su éxito. Estos pueden variar según los objetivos específicos de la campaña, incluido el aumento del conocimiento de la marca, el compromiso, la generación de clientes potenciales o las ventas directas.

HERRAMIENTAS Y MÉTODOS DE MEDICIÓN

- **Análisis de redes sociales:** las herramientas de análisis de redes sociales pueden ayudar a realizar un seguimiento de las menciones de marca, el compromiso y los sentimientos expresados por las audiencias, ofreciendo información valiosa sobre el impacto de su campaña en la conversación en línea.

- **Tráfico online y conversiones:** Utilice herramientas de análisis web para monitorear el aumento del tráfico al sitio web de la marca, así como las conversiones específicas que pueden atribuirse a la campaña de guerrilla.

- **Encuestas y comentarios directos:** realizar encuestas o recopilar comentarios directamente de la audiencia puede proporcionar información sobre la percepción de la marca y la eficacia del mensaje transmitido.

- **Cobertura de los medios:** la atención de los medios tradicionales y digitales puede ser un indicador valioso del éxito de la campaña, especialmente si el objetivo era generar expectación o reconocimiento público.

EVALUACIÓN DEL ROI

Determinar el ROI de las campañas de marketing de guerrilla puede resultar complejo debido a la naturaleza, a menudo, indirecta de los resultados. Sin embargo, comparar el costo total de la campaña con los resultados logrados en términos de participación de la audiencia, cobertura de los medios y aumento de las ventas puede proporcionar una visión general de su valor.

DESAFÍOS EN LA MEDICIÓN

- **Atribución directa:** a menudo resulta complicado atribuir resultados directamente a una campaña específica, especialmente cuando se utilizan múltiples canales y tácticas simultáneamente.

- **Medición del impacto a largo plazo:** algunos beneficios de las campañas de guerrilla, como una mayor lealtad a la marca, pueden manifestarse con el tiempo, complicando la medición inmediata.

Con un conocimiento firme de cómo medir el éxito de sus campañas, el siguiente paso es desarrollar un plan de acción concreto para implementar estrategias efectivas de marketing de guerrilla. El próximo capítulo proporcionará una guía paso a paso para planificar, ejecutar y evaluar campañas de guerrilla, garantizando que su marca pueda captar la atención de la audiencia de una manera creativa y eficiente. Avanzaremos para consolidar todas las ideas y estrategias discutidas anteriormente en un plan de acción cohesivo e impactante.

PLAN DE ACCIÓN GUERRILLA

Después de explorar las diversas facetas y estrategias del marketing de guerrilla, es fundamental consolidar estos conocimientos en un plan de acción detallado y eficaz. Este capítulo proporciona una guía paso a paso para planificar, ejecutar y evaluar campañas de marketing de guerrilla, permitiendo a su marca captar la atención de la audiencia de una manera creativa y eficiente.

FIJAR OBJETIVOS CLAROS

El primer paso para desarrollar un plan de acción guerrillera es establecer objetivos claros y mensurables. Esto podría incluir aumentar el conocimiento de la marca, promocionar un nuevo producto o servicio, atraer a una audiencia específica o impulsar las ventas. Tener objetivos bien definidos es fundamental para guiar todas las etapas posteriores del plan.

INVESTIGACIÓN Y SELECCIÓN DE TÁCTICAS

En base a los objetivos establecidos, realizar una investigación exhaustiva para seleccionar las tácticas de marketing de guerrilla más adecuadas. Considere factores como el público objetivo, el contexto cultural y social y los recursos disponibles. La selección de tácticas debe alinearse con los valores de la marca y los objetivos de la campaña.

PLANIFICACIÓN Y LOGÍSTICA

Cada táctica que elija requiere un plan detallado que cubra todos los aspectos de ejecución, incluyendo:

- **Recursos requeridos:** Presupuesto, materiales, personal y tecnología.

- **Cronograma:** Establezca un cronograma detallado, que incluya todas las fases de la campaña, desde la preparación hasta el lanzamiento y la evaluación.

- **Ubicaciones:** elija ubicaciones estratégicas que maximicen la visibilidad y el impacto.

- **Permisos y legalidades:** asegúrese de obtener todos los permisos necesarios y cumplir con las leyes locales.

EJECUCIÓN

La ejecución de la campaña debe seguir exactamente el plan establecido, pero también estar preparado para adaptarse a imprevistos. La capacidad de ajustar rápidamente la estrategia en respuesta a desafíos u oportunidades inesperados es un aspecto crucial del marketing de guerrilla.

EVALUACIÓN Y AJUSTES

Luego de ejecutar la campaña, es vital evaluar su éxito en relación a los objetivos iniciales, utilizando las métricas y herramientas definidas previamente. Este análisis debe identificar fortalezas, áreas de mejora y conocimientos para futuras campañas. Esté preparado para hacer ajustes basados en comentarios y resultados.

DOCUMENTACIÓN E INTERCAMBIO DE APRENDIZAJES

Documente todo el proceso, desde la planificación hasta la ejecución y evaluación. Compartir aprendizajes, tanto internamente como con socios o a través de estudios de casos, puede proporcionar un valor invaluable para el desarrollo profesional del equipo y de la comunidad de marketing de guerrilla en su conjunto.

CONCLUSIÓN

Un plan de acción guerrillera bien diseñado es la columna vertebral de cualquier campaña exitosa. Si sigue estos pasos, su marca estará bien posicionada para lanzar campañas que no solo capten la atención de la audiencia, sino que también impulsen un compromiso significativo y contribuyan al crecimiento sostenible de la marca. Con creatividad, una planificación cuidadosa y una ejecución ágil, el marketing de guerrilla puede transformar la forma en que el público percibe y experimenta su marca.

Al pasar juntos la página final de este viaje, espero sinceramente que los aprendizajes compartidos aquí hayan tocado su corazón y hayan generado nuevas perspectivas. Si este libro le ha aportado algún valor, le pido que se tome unos minutos para dejar una reseña en Amazon. Tus palabras no sólo me ayudan a crecer y perfeccionar mi oficio, sino que también guían a otros lectores en su búsqueda de conocimiento e inspiración. Tu opinión es un regalo valioso, tanto para mí como para la comunidad de lectores que buscan historias que transformen. Sinceramente les agradezco por compartir este viaje conmigo y espero que podamos volver a encontrarnos en las páginas de una nueva aventura.

REGINALDO OSNILDO

Hola, soy Reginaldo Osnildo, autor e innovador en las áreas de ventas, tecnología y estrategias de comunicación. Mi experiencia abarca desde el ámbito académico, como profesor e investigador de la Universidad del Sur de Santa Catarina, hasta ejercer como estratega en el Grupo Catarinense de Rádios. Con un doctorado en narrativas de ventas y convergencia digital, y una maestría en narración de historias e imaginario social, ofrezco a mis lectores una fusión única de teoría y práctica. Mi objetivo es aportar conocimientos en un lenguaje sencillo, práctico y didáctico, fomentando su aplicación directa en la vida personal y profesional.

Tuyo sinceramente

Reginaldo Osnildo

+55 48 991913865

reginaldoosnildo@gmail.com

www.ingramcontent.com/pod-product-compliance
Lightning Source LLC
Chambersburg PA
CBHW070117230526
45472CB00004B/1296